अनकही बाते

KALAM KI SYAHI SE

मेघा केजरीवाल

क्रम-सूची

About The Author

Megha is a enthusiastic girl, who loves to play with string of words and carving them as poetries. who loves to express her emotions on papers rather than expressing with her voice. Writing is the only way to talk with your inner voice. She started to write as a hobby but it became the way for her to talk with herself. Always appreciate honest feedback from the readers and always try to put his heart out in her poetries.

भूमिका

About the book

The night spent alone with the moon and stars awaken with ones. When the whole world is sleeping someone is in his/her own world with dreams for future, regrets of the past and with the pain for all the bad things happened earlier. The hope and patience is the ultimate weapon we have in tough times, One should never loose this precios power.

1. वो दिन भी क्या दिन थे

कागज की कश्ती थी,

थोडी शरारत थी ,

थोडी मस्ती थी,

आजाद थे हर फिक्र और गम से,

वो दिन भी क्या दिन थे।

रुठ जाया करते थे,

तो जिद पूरी हो जाती थी,

भुल हो जाने पर भी,

हर गलती माफ हो जाती थी,

थोडे नादान थे,थोडे मतवाले थे,

वो दिन भी क्या दिन थे।

फिक्र ना थी कल की,

कल के सपने देखा करते थे,

आज को जीते थे,

आज मे खुल कर जिया करते थे ,

वो दिन भी क्या दिन थे

मन में ना जाने कितने ख्वाब उमड़ा करते थे,

हम भी ना जाने कितने सपने संजोया करते थे,

हकीकत से कहीं दूर थे ,

मुश्किलों से अनजान थे,

वो दिन भी क्या दिन थे।

राह की सुध ना थी,

सिर्फ मंजिल को ही देखा करते थे,

राह में मुश्किल भी होगी,

इस बात से बेखबर हुआ करते थे।
यूं तो वह दिन ही थे नादान सा जीने की,
पर उस नादान उम्र ने ही ख्वाब देखना सिखा दिया,
और उम्र भर उनको पूरा करने का,
कर्ज़ हम पर लाद दिया।
मंजिल की दूरी को आज देखा हमने,
राह की मुश्किलों को आज समझा हमने,
या फिर यूं कहूं असल में,
जिंदगी को करीब से आज जाना हमने।

2. विश्वास

बड़ा गुरुर था मुझे तेरे होने का,
अच्छा हुआ जो तूने तोड़ डाला,
जो विश्वास था मुझे तुझ पर,
वो सब गलतफहमी में बदल डाला,
वादा है अब खुद से,
तेरे लिए अब इन आंखों को और ना रुलाउंगी,
बहुत रो लिया मेरे दिल ना,
अब बस हमेशा इसे खुश रहना सिखाउंगी।

3. अधूरे ख्वाब

खवाब बुने थे बहुत से,

उमीद भी जगाई थी मन मे,

फिर आस धीरे धीरे बिखर रही थी,

मैं समेटना चाहती थी उन्हे,

पर ना जाने क्यू वो हाथ से छूट रही थी,

औरो सा मुझे भी कुछ करना था,

मुझमे भी कुछ बात है ये सबको दिखलाना था,

पर जिन्दगी ने एक नया मोड लिया था ,

और मैंने भी हर चीज के साथ ख्वाबो को पीछे छोड़ दिया था,

फिर कुछ खवाब नये बून लिये मैने,

खुद के लिये ना सही पर अपनी सन्तान मे अपने ख्वाब ढूंढ लिया मैंने,

मेरे ख्वाब ना सही पर इनके खवाबों को पंख जरूर दूंगी,

ये उंची उड़ान भरेंगे तो मैं खुद आसमां मे होने का एहसास करूंगी।

4. अंधेरी रातें

यह तन्हा रातें कितना शोर मचाती हैं,
दिल पर लगे हर जख्म याद दिलाती है ,
ना जाने कितनी रातें भीगी पलकों में गुजर जाती है ,
फिर भी यह दिल जख्मों को भुला नहीं पाती है ,
शिकवा तन्हाइयों से करूं या इन बेरहम रातों से ,
अनसुनी कर दूँ इनकी बातें या गुफ्तगू करूं अंधेरों से ।

5. मुस्कुराहट की वजह

वह जो लबों पे थी,
अब कहीं गुम सी गई है,
ऐसा लगता है जैसे मुस्कुराने की,
अब कोई वजह ही नहीं रही है,
वह बातें जो अक्सर दिल को छू जाती थी,
उन शब्दों से अब दिल बेचैन सा होता है,
उस शाम में दिनभर की थकान तो होती थी,
पर उसमें कहीं सुकून की तलाश भी रहती थी,
अब ना वह शाम है ना उस सुकून की तलाश है ,
यू मुस्कुराएँ बिना भी अब दिन गुजर जाता है,
शाम हसीन ना हो तो भी अब दिन ढल जाता है ,
तन्हा रातें अब आंखों को गिला नहीं करती,
अब शिकायत हो तो भी,
यह जुॅबा किसी से बयां नहीं करती,
जिंदगी में अब यू कोई खास चाहत नहीं रही,
जी लूॅ उम्र भर ऐसी अब ख्वाहिश भी नहीं रही,
सोचती हूॅ कि जिंदगी क्या से क्या हो गई है,
जहां जिंदगी ही सबसे जरूरी थी,
अब वही नजरअंदाज हो गई है।

6. हौसला

बस कुछ दिन और बाकी है,

यह दिन भी गुजर जाएगा,

वह ना उम्मीदों का सूरज भी ढल जाएगा,

होगी फिर एक नई सुबह,

और उसमें उम्मीदों का सूरज भी चमक जाएगा,

रोशनी की एक नई किरण के साथ,

ताजी हवा का झोंका सब सवार जाएगा,

वह जो धुंधली सी थी मंजिल,

दिन के उजालों में साफ नजर आएगा,

महसूस होगा तुझे सब कुछ बदला सा,

पर वह बदलाव ही तुझे तेरी हकीकत दिखाएगा,

जाने अनजाने में कुछ गलतियां भी होंगी तुझसे,

पर तेरी हर गलती तुझे कुछ नया सिखाएगा,

अगर कभी लड़खड़ा जाए तेरे कदम तू हौसला रखना,

और आगे बढ़ना तेरे लड़खड़ाते कदम ही तुझे संभलना सिखाएगा।

7. अधूरे सपने

अधूरे से कुछ सपने है ,
अधूरी सी कुछ ख्वाइश है,
अधूरे हैं अरमान मेरे ,
पर कुछ सुकून है अब सांसों में,
वह जो बेचैन सा दिल था मेरा ,
अब वह भी दिल से हंसता है ,
जिन आंखों में नमी सी थी ,
उनमें अब कुछ जुनून सा है ,
जो शिकवे थे कुछ जिंदगी से ,
वह अब जीने की वजह बन गए,
यूं तो जिंदगी से उम्मीद थी बहुत,
पर अब कुछ ना होकर भी बहुत कुछ है,
यूं तो मुश्किलें कम नहीं फिर भी,
अब दर्द से कुछ अपनापन है,
अधूरा होकर भी पूरा होना,
जीने का यह भी एक अलग अंदाज है,
जब लगे कुछ अधूरा सा है,
तब समझ लेना जिंदगी पूरी है,
सब कुछ यूं ही मिल जाए,
तो जिंदगी कहां हसीन होती है,
अधूरा होकर भी हर हाल में जीना,
यही तो जिंदगी कहती है।

8. आत्महत्या: एक कायरता

यूं ही कोई खुद की जान नहीं ले लेता ,
मरने से पहले कई बार मौत को गले लगा कर रोता है जिंदगी से
कुछ उम्मीद होती है,
जब दर्द में खुद को अकेला पाता है,
मौत जिंदगी से बेहतर लगती है,
क्या बीत रही थी उस पर यह कौन जानता था ,
उस हंसते चेहरे के पीछे कितना दर्द छुपा था,
यह कौन जानता था,
मन में ना जाने कैसी बेचैनी रही होगी
सब कुछ पाकर भी जिंदगी कुछ अधूरी सी होगी
मन में ना जाने कितने सवाल होंगे ,
जिंदगी से कितने शिकवे ,
और ना जाने मन में कितने मलाल होंगे
खत्म कर दी जिंदगी को
खत्म सारी परेशानी
मौत को गले लगा उसने
खत्म कर दी अपनी कहानी।

9. यादों की गुल्लक

वह यादें ही तो है,
जो अक्सर बिना बताए आती है,
वक्त के पुराने पन्नों से,
कुछ किस्से संग ले आती है
कुछ खट्टी सी कुछ मीठी सी है
वह यादें ही तो है,
जो दिल को अतीत की सैर कराती है,
वक्त के पुराने रंगों से,
फिर एक बार रूबरू कराती है,
कुछ यादें जो हम भूल नहीं पाते,
और कुछ जिन्हें हम भूलना नहीं चाहते,
कुछ हसीन लम्हे जिन्हें हम दोबारा जी नहीं पाते,
और कुछ हादसे ऐसे भी जिन्हें हम जीना नहीं चाहते,
इन्हीं यादों के सहारे,
जिंदगी जिए जा रहे हैं,
कुछ पुरानी यादें हैं,
और कुछ नए बनाए जा रहे हैं,
वह यादें ही तो है,
जो कभी हसॉए,
तो कभी रुलाए जा रहे हैं।

10. SKY: THE ULTIMATE GOAL

Being a bird,
I have to fly
Crushing all the hesitation to disappear in the sky
Holding a crave for flying up high
Without any dread of falling from the sky
Being a bird
I have to fly

Every morning I fly up high
With a desire to touch the sky
Till evening I continue to fly because
Being a bird I have to fly

Tired of being flying whole day
To respite I return to my roosts
Next day when I get back to fly
I fly high with lots of zest
Always I try to meet the sky.
Being a bird I have to fly.